Das Kita-
Jahreszeitenbuch

Spiellieder & Klanggeschichten

Bildnachweis

Freepik.de

Gettyimages.de
S. 1: dvoriankin | S. 9: shlynoik | S. 10: enviromantic | S. 11: retrofutur| S. 12: Byshnev | S. 13: Grafner | S. 14: girlfrommars | S. 16: Olezzo | S. 18: PinkPueblo | S. 19: saenal78 | S. 20/21: shlynoik, girlfrommars, PinkPueblo | S. 23: ImageSource | S. 26: amriphoto | S. 27: saenal78 | S. 28: snegok13 | S. 29: lineartestpilot | S. 30: adekvat | S. 31: PeopleImages | S. 34: adekvat | S. 37: saenal78 | S. 38: loops7 | S. 40: silvia cozzi | S. 42: PhotoEuphoria | S. 48: tatyana_tomsickova | S. 50/51: moonery I | S. 53: Zing Images | S. 54: avean | S. 56/57: seamartini, ilyasov | S. 58: Andrew_Howe | S. 59: avean | S. 60: avean | S. 69: Dgwildlife | S. 76: fotohunter | S. 78: Muenz | S. 79: unpict | S. 80: dvoriankin

Impressum

ISBN: 978-3-96046-085-5

Das Kita-Jahreszeitenbuch
Spiellieder & Klanggeschichten

Klett Kita GmbH
Rotebühlstr. 77
70178 Stuttgart
www.klett-kita.de

Redaktion	Myriam Bork
Illustration	Nadine Liesse
Umschlagillustration	Anke Dammann
Gestaltung und Satz	DOPPELPUNKT, Stuttgart
Druck	Grafik Media Produktionsmanagement, Köln

4. Auflage

Inhalt

Frühling

Sommer

Herbst

Winter

Liebe Leserinnen und Leser,

jede Jahreszeit klingt auf ihre ganz eigene Weise: Im Herbst raschelt und flüstert der Wind im Laub. Frisch gefallener Schnee knirscht im Winter leise unter unseren Füßen. Im Frühling hören wir draußen überall das gemütliche Brummen der ersten Hummeln und im Sommer lauschen wir noch spät abends dem Zirpen der Grillen.

All diese Jahreszeitengeräusche können wir ganz einfach einfangen: Unsere Finger tippeln leise auf der Trommel wie der Regen ans Fenster. Mit Glöckchen holen wir das fröhliche Gezwitscher der Vögel in den Gruppenraum.

Kinder lieben es, mit Klängen zu spielen, Instrumente auszuprobieren, mit ihrem Körper Geräusche zu erzeugen und sich dazu zu bewegen: stampfen, patschen, klatschen, dazu singen, pfeifen und lostrommeln – Kinder haben Freude an Musik, Klängen und Rhythmik. Mit der Begeisterung für alles was klingt, werden Geschichten und Gedichte zum Leben erweckt, zusammen Lieder gesungen, getanzt und gespielt.

In diesem Buch finden Sie daher Spiellieder, Klanggeschichten und -gedichte passend für jede Jahreszeit. Alles was Sie zusätzlich brauchen sind Orff-Instrumente, Alltagsmaterialien sowie Körper und Stimme. Alle Lieder wurden auf bekannte und bewährte Kinderlied-Melodien geschrieben, sodass Sie direkt loslegen können.

Wir wünschen Ihnen und Ihren Kindern
viele musikalische Momente!

Ihr Jahreszeitenbuch-Team

Frühling

Mama, wann kommt der Osterhase?

Klanggeschichte

Alter: ab 4 Jahren
Dauer: 30 Minuten

Instrumente
- Xylofon (Lena)
- Holzblocktrommel (Mama)
- Klangstäbe, Rahmentrommel, Triangel, Glockenspiel

„Mama, wann kommt denn jetzt endlich der Osterhase?“
Mehrere unterschiedliche Töne auf dem Xylofon anschlagen.

„Morgen, liebe Lena, morgen!“
Dreimal die Holzblocktrommel anschlagen.

„Gut, dann geh ich wieder spielen, Mama!“
Mit den Klangstäben klopfen.

Lena baut einen Turm mit Bauklötzchen.
Mehrmals auf die Rahmentrommel schlagen.

„Mama, wann kommt denn jetzt endlich der Osterhase?“
Mehrere unterschiedliche Töne auf dem Xylofon anschlagen.

„Morgen, Lena, morgen kommt er, ganz bestimmt!“
Dreimal die Holzblocktrommel anschlagen.

„Gut, dann male ich ein Bild.“
Triangel mehrmals anschlagen.

„Mama, wann kommt denn jetzt endlich der Osterhase?“
Mehrere unterschiedliche Töne auf dem Xylofon anschlagen.

„Morgen, Lena, morgen kommt der Osterhase.“
Dreimal die Holzblocktrommel anschlagen.

„Gut, Mama, dann spiele ich mit meinen Puppen.“
Mehrere Töne auf dem Glockenspiel anschlagen.

Auf einmal ist es still: Lena ist eingeschlafen!
Schnarchgeräusche machen.

„Gute Nacht, Lena!“
Absteigende Tonfolge auf dem Glockenspiel spielen.

Als Lena am nächsten Morgen aufwacht, war der Osterhase endlich da und hat etwas für sie versteckt, hurra!
Alle klatschen in die Hände und rufen: „Hurra!“

Idee: Michaela Lambrecht

Der Frühling ist da!

Lied

Alter: ab 4 Jahren
Dauer: 25 Minuten

1 Der Frühling, der Frühling, der Frühling ist da,
es leuchtet die Sonne wieder hell, fallera.
Dass Bäume wieder sprießen, das wollen wir genießen.
Der Frühling, der Frühling, der Frühling ist da.

2 Der Frühling, der Frühling, der Frühling ist da,
die Tiere erwachen aus dem Schlaf, fallera.
Dass Bienen wieder fliegen, lässt gute Laune siegen.
Der Frühling, der Frühling, der Frühling ist da.

3 Der Frühling, der Frühling, der Frühling ist da,
die Blumen erfreuen uns mit Duft, fallera.
Dass Kinder draußen lachen, lässt die Natur erwachen.
Der Frühling, der Frühling, der Frühling ist da.

4 Der Frühling, der Frühling, der Frühling ist da,
die Wiesen erblühen wieder bunt, fallera.
Und Frühlingsblumen strahlen, so schön, man könnt' es malen!
Der Frühling, der Frühling, der Frühling ist da.

(Melodie: Im Frühtau zu Berge)

Idee: Margot Lindner

Wenn die bunten Blumen blühen

Lied

Alter: ab 3 Jahren
Dauer: 10 Minuten

1 Wenn die bunten Blumen blühen,
ist der Frühling endlich da.
Bienen summen, Vögel zwitschern
und es duftet wunderbar!
Leuchtet die Sonne,
ziehen die Wolken,
klingt unser Liedchen froh in die Welt.

2 Wenn die bunten Blumen blühen,
ist der Frühling endlich da.
Frösche quaken, Lämmer blöken,
Bäche sprudeln hell und klar!
Leuchtet die Sonne,
ziehen die Wolken,
klingt unser Liedchen froh in die Welt.

(Melodie: Wenn die bunten Fahnen wehen)

Idee: Karin Schäufler

Das Hummelbrummel-Blütenfest

Klanggedicht

Instrumente

- Rasseln oder Guiros (Hummeln)
- Trommeln oder Holzblöcke (Regen)

Alter: ab 4 Jahren
Dauer: 15 Minuten

Guten Tag, ihr dicken Hummeln,
ich hör euch ja gar nicht brummen?
Stille.

Bunte Blüten hab ich hier,
da freut sich jedes Tier!
Stille.

Da kommt die erste angebrummelt,
eine zweite hinterher gebummelt.
Ein Kind rasselt, dann fällt ein zweites ein.

Und noch mehr Hummeln kommen jetzt
zum Hummelbrummel-Blütenfest.
Alle Hummelkinder rasseln gemeinsam.

Ach, das summt und brummt so schön,
hoffentlich müsst ihr nie gehn.
Gemeinsam rasseln alle Hummeln.

Platsch, ein Regentropfen fällt
auf die bunte Blütenwelt.
Ein Kind spielt seine Trommel.

Ein zweiter, dann wird der Regen dichter,
fällt auf die bunten Blumenlichter.
Ein zweites Kind fällt ein, dann trommeln auch die übrigen Regenkinder.

Die Hummeln brummeln weg,
ins Hummelbrummel-Erdversteck.
Die Hummeln verstummen, der Regen wird immer leiser und leiser, bis er ganz verklingt.

Idee: Tina Scherer

Als das Huhn Ostern rettete

Klanggeschichte

Alter: ab 3 Jahren
Dauer: 20 Minuten

Instrumente

- leere Flasche und Schlägel (Eier)
- leerer Schuhkarton (Osterhase)
- Topfdeckel (Huhn)
- Glöckchen (Sonne)
- Papier (Federn)
- Rasseln (Kinder)

Hermann **Osterhase** hatte beschlossen, in diesem Jahr keine **Eier** zu den Kindern zu bringen. „Immer die viele Arbeit", murrte er.

Als das **Henriette**, das **Huhn**, hörte, machte sie sich auf den Weg zum **Osterhasen**. Sie flatterte aufgeregt mit den Flügeln. „Glaubst du etwa, ich habe so viele **Eier** gelegt – eins, zwei, drei, vier, fünf – und du brauchst sie nun nicht färben? So geht das nicht!" **Hermann** sah **Henriette** ungläubig an. „Es ist doch immer das Gleiche. Ich färbe die **Eier** und trage sie weg. Ich muss sie verstecken und wenn die **Sonne** aufgeht, muss ich schnell abhauen, damit die **Kinder** mich nicht entdecken."

„Das ist nun einmal so. Du bist der **Osterhase**." **Henriette** blies ihre **Federn** auf, sodass sie viel größer wirkte.

„Ich will nicht mehr der **Osterhase** sein." **Hermann** schob die Tür zu seinem Hasenbau zu und **Henriette** stand nun allein da. Sie überlegte kurz, dann hatte sie eine Idee. Schnell sammelte sie die **Eier** in den Korb vom **Osterhasen**, stellte die Farben auf die Schubkarre und schob alles aus dem Wald hinüber zum Hühnerstall. Dort setzte sie sich hin und begann, die **Eier** zu bemalen. Nicht einmal einen Pinsel brauchte sie, denn sie hatte ja ihre **Federn**. Sie tauchte die Flügelspitze in den Farbtopf und malte das erste **Ei** an. Dann das nächste **Ei** und immer so weiter – bis sie irgendwann einen großen Korb voll bunter **Eier** vor sich stehen hatte. Zufrieden blickte sie hinein.

Idee: Marion Bischoff

Die Sonne ging bereits unter und der Mond blitzte hinter dem Hühnerstall auf, als Henriette das schönste Ei aus dem Korb nahm, um es im Garten der Buschis zu verstecken. Bei den Buschis war sie schon oft gewesen. Dort wohnten zwei Mädchen: Mariella und Sophia. Henriette wusste genau, die beiden würden sich freuen, wenn sie am Ostermorgen bunt gefärbte Eier fänden.

Hinter einer Hecke versteckte Henriette das rote Ei, neben der großen Blume legte sie ein blaues Ei ab. Dann eilte sie weiter, besuchte den Garten von Nils und seiner Familie und landete schließlich wieder zu Hause im Hühnerstall. Todmüde legte sie sich auf ihr Nest und schlief sofort ein.

Auf einmal wachte sie auf, weil um sie herum wildes Gegacker losging. Verschlafen sah sie die anderen Hühner an. „Was ist denn?" „Guck nur, wie du aussiehst!", krakeelte die alte Berta.

„So eine Sauerei!", zeterte das weiße Huhn Chantal. „Ihr habt ja keine Ahnung." Henriette stellte sich auf ihre Hühnerbeine und entdeckte jetzt auch, warum die anderen so aufgeregt gackerten. Ihre Federn waren voll mit Farbe. Da lächelte sie nur und sagte: „Ich bin das Osterhuhn. Da gehört Farbe einfach dazu."

Und so geht's:

Mit Schuhkarton und Topfdeckeln eine Klanggeschichte begleiten? Na klar! Überlegen Sie gemeinsam, welche Geräusche man mit dem Schuhkarton machen könnte, damit er zum Osterhasen passt?
Dann noch schnell die Rollen verteilen und schon kann es losgehen: Immer, wenn der Osterhase Hermann, das Huhn Henriette, die Eier, die Sonne oder die Federn im Text genannt werden, erklingen die passenden Instrumente.

Brunhilde, die Biene

Lied

Alter: ab 3 Jahren
Dauer: 10 Minuten

1 Brunhilde, die Biene, die fliegt durch die Welt
und sucht sich ein Plätzchen, das ihr gut gefällt.
Sie schnuppert und freut sich, sie hat was entdeckt,
'ne Wiese mit Blumen. Ob ihr da was schmeckt?

2 Im Sturzflug fliegt sie auf die Wiese zu,
Brunhilde ist schnell, sie erreicht sie im Nu.
Die Veilchen, der Krokus, die Rose, der Mohn,
Brunhilde, die freut sich aufs Essen schon.

3 Sie taucht ihren Rüssel in Nektar so fein,
das macht sie bei einhundert Blümelein.
Brunhilde, die freut sich – ach Mensch, war das toll,
jetzt bin ich ganz satt und mein Bäuchlein ist voll.

(Melodie: Im Märzen der Bauer)

Idee: Leah Schäfer

Die Hoppelhäschen sind los

Alter: ab 3 Jahren
Dauer: 10 Minuten

Spiellied

Zehn kleine Hoppelhäschen
hüpften um die Scheun.
Doch eines, das blieb lieber drin,
da waren's nur noch neun.

Neun kleine Hoppelhäschen
schliefen in der Nacht.
Doch eines schlich sich leis davon,
da waren's nur noch acht.

Acht kleine Hoppelhäschen
wollten Kegel schieben.
Doch eins, das hatte keine Lust,
da waren's nur noch sieben.

Sieben kleine Hoppelhäschen
ärgerten die Hex'.
Doch eins, das wird von ihr verhext,
da waren's nur noch sechs.

Sechs kleine Hoppelhäschen
hatten nasse Strümpf.
Das eine zog die Socken aus,
da waren's nur noch fünf.

Fünf kleine Hoppelhäschen
übten mal Klavier.
Doch eines wollte Flöte spieln,
da waren's nur noch vier.

Vier kleine Hoppelhäschen
aßen Haferbrei.
Doch eins wollt lieber Himbeereis,
da waren's nur noch drei.

Drei kleine Hoppelhäschen
fuhren nach Shanghai.
Doch eins, das wollt zurück nach Haus,
da waren's nur noch zwei.

Zwei kleine Hoppelhäschen
hießen beide Heinz.
Doch eins wollt lieber Holger sein,
da war es nur noch eins.

Ein kleines Hoppelhäschen
hoppelt ganz allein.
Die andern kommen schnell dazu,
was könnte schöner sein.

(Melodie: Zehn kleine Kinderlein)

Und so geht's:
Zehn Kinder hoppeln durch den Raum und spielen das nach, was in den einzelnen Strophen vorkommt. Am Ende jeder Strophe setzt sich ein Kind wieder an seinen Platz. Zum Schluss hoppeln alle noch einmal gemeinsam durch den Raum.

Idee: Leah Schäfer

Grün, grün, grün

Lied

Alter: ab 4 Jahren
Dauer: 5 Minuten

1 Grün, grün, grün,
Bäume werden grün.
Blätter wachsen an den Bäumen,
laden wieder ein zum Träumen.
Grün, grün, grün,
Bäume werden grün.

1 Grün, grün, grün,
Bäume werden grün.
Blüten sprießen an den Bäumen,
laden Bienen ein zum Naschen
Grün, grün, grün,
Bäume werden grün.

(Melodie: Summ, summ, summ)

Idee: Aline Kurt

Die Osterhasensuche

Klanggedicht

Instrumente
- Rasseleier/Rasseln
- Klangstäbe
- Rahmentrommel

Alter: ab 4 Jahren
Dauer: 10 Minuten

Ich stehe am Fenster und schau in den Garten,
Ostern ist heut und ich kann`s nicht erwarten.
Die flache Hand zum Schauen an die Stirn halten.
Bis jetzt hat mich auch niemand entdeckt,
ich will mal sehn, wer die Eier versteckt.

Ich gehe hinaus durch das feuchte Gras,
ich höre gut hin – da raschelt doch was.
Rasseleier/Rasseln
Und jetzt ein Klopfen, was könnte das sein?
Oder bild ich mir alles nur ein?
Klangstäbe

Ich gehe mal schnell um die nächste Ecke
und schaue hinter die hohe Hecke.
Rasseleier/Rasseln
Hier hinten leider nur Krokusse sind,
keine Geräusche – es war wohl der Wind.
Rahmentrommel streichen

Jetzt wieder ein Klopfen – ich glaub es kaum,
dort hinter einem großen Baum.
Klangstäbe
Ich schleiche mich hin und bleibe ruhig stehn,
da hab ich doch grade ein Schwänzchen gesehn.
Rasseleier/Rasseln

Zwei lange Ohren sah ich auch,
ein braunes Fell und 'nen weißen Bauch.
Klangstäbe
Wer ist das Tier mit der schwarzen Nase?
Ist das vielleicht der Osterhase?
Klangstäbe

Es dreht sich nicht um, und hoppelt schnell weg,
ich komme raus aus meinem Versteck.
Klangstäbe
Doch was liegt da vor mir – ich hab es entdeckt!
Da hat er noch schnell ein paar Eier versteckt.
Rasseleier/Rasseln

Und weiter hinten, da liegen noch mehr,
Osterhase, ich danke dir sehr!
Die flache Hand zum Schauen an die Stirn halten.

Idee: Leah Schäfer

Alle Vögel kommen

Spiellied

Alter: ab 3 Jahren
Dauer: 5 Minuten

1 **Alle Vögel kommen**
Einladende Geste mit den Armen formen.

nun ganz schnell nach Haus,
nun ganz schnell nach Haus.
Mit Armen und Händen über dem Kopf ein Dreieck formen.

Sie warn den langen Winter
Sich selbst umarmen.

in 'nem warmen Land.
Hände über dem Kopf zum Kreis formen.

2 **Kranich, Storch und Kuckuck**
Arme ausbreiten und „fliegen".

sind nun wieder da,
sind nun wieder da.
Hüpfen.

singen laut und munter.
Auf der Stelle tanzen.

Frühling ist jetzt da.
Arme seitlich nach oben strecken.

(Melodie: Alle meine Entchen)

Idee: Aline Kurt

Das Raupen-tänzchen

Spiellied

Alter: ab 3 Jahren
Dauer: 5 Minuten

1 Kommt ein Falter geflogen,
Zur Kreismitte tanzen.

setzt sich nieder auf ein Blatt.
In der Kreismitte in die Hocke gehen.

Legt dort langsam und behutsam
In der Hocke im Takt wiegen.

alle Eierchen ab.
Hinsetzen.

2 Aus dem Ei schlüpft dann 'ne Raupe,
Arme seitlich öffnen, langsam aufstehen.

schaut sich neugierig um.
Im Takt um die eigenen Achse tanzen.

Sieht die vielen grünen Blätter,
Zur Kreismitte tanzen.

frisst sie ganz allein auf.
An den Händen fassen und im Kreis tanzen.

(Melodie: Kommt ein Vogel geflogen)

Idee: Aline Kurt

Auf der Wiese ist was los

Klanggeschichte

Alter: ab 4 Jahren
Dauer: 15 Minuten

Instrumente

- Rahmentrommel (Wind)
- Glockenspiel (Schmetterling)
- Triangel (Vögel)
- Metallofon/Xylofon (See)
- Schellenband (Fisch)
- Holzblocktrommel (Frosch)
- Klanghölzer (Hase)
- Zeitungspapier (Schnecke)
- Fingercymbeln (Wassertropfen)
- tiefe Xylofonstäbe (Bienen)

Es ist ein schöner Frühlingstag. Wir machen einen Spaziergang zur großen Wiese am Bach. Am Rand der Wiese stehen viele kleine Apfelbäume, die mit wunderschönen Blüten übersät sind.
Wie herrlich es hier duftet. Und was man alles hören kann, wenn man ganz leise ist.

Der **Wind** weht ganz leise über die Wiese und bringt die Blätter zum Rascheln.

Zwei **Schmetterlinge** flattern durch die Luft.
Sie fliegen hoch und runter und drehen sich im Kreis.
Es sieht aus, als würden die beiden durch die Luft tanzen.

Die **Vögel** zwitschern ganz aufgeregt und begrüßen den Frühling mit ihrem Gesang.

Hört einmal ganz genau hin. Was ist denn das? Ist das ein Quaken?
Ja, richtig. Am Rand der Wiese ist ein **See**.

Und auf einem Seerosenblatt, mitten im Wasser, sitzt ein kleiner frecher **Frosch** und quakt.

In der Mitte des **Sees** streckt ein neugieriger **Fisch** seinen Kopf aus dem Wasser.

Idee: Leah Schäfer

Ein Hase hoppelt über die Wiese. Er hüpft vor Freude über den schönen Tag ganz hoch. Dann setzt er sich hin und knabbert ein paar Grashalme.

Ganz langsam kriecht eine Schnecke über das Blatt einer Schlüsselblume. Sie lässt sich dabei viel Zeit und genießt den sonnigen Frühlingstag.

Plötzlich tropft ein Wassertropfen aus der gelben Blüte auf die Schnecke herab und trifft sie am Fühler.

Schnell zieht die Schnecke sich in ihr Häuschen zurück.

Doch was ist das für ein Geräusch? Ein Summen und Brummen erfüllt die Wiese. Ein Schwarm Bienen kommt angeflogen – auf der Suche nach köstlichem, süßem Nektar.

Sie begrüßen die Wiesenbewohner mit ihrem Summen. Die anderen Tiere freuen sich, die Bienen zu sehen und wünschen ihnen einen schönen Tag.

Und so geht's:
Gut aufpassen! Jedes Mal, wenn der Wind, der See oder eines der Tiere in der Geschichte genannt wird, erklingt das dazu passende Instrument. Jedes Kind sucht sich die Rolle aus, die es spielen möchte.
Tipp: Für den Wind mit der Hand sachte über die Rahmentrommel streichen. Die Schmetterlinge fliegen am schönsten, wenn die Kinder vorsichtig mit den Schlägeln über das Glockenspiel streichen.

Frühlingszeit ist so weit

Spiellied

Alter: ab 3 Jahren
Dauer: 5 Minuten

Material:
- gelbe und rote Schwungtücher

1

Frühlingszeit ist so weit,
Tuch im Takt der Musik schwingen.

lässt die Blumen blühen.
Tuch nach oben in die Luft ziehen.

Schneeglöckchen, klein und zart,
Tuch mit den Händen umfassen.

recken ihren Kopf.
Hände öffnen, Tuch herausgleiten lassen.

2

Tulpen blühen überall.
Alle Tücher schnell ineinander kreisen lassen.

Gelb und rotes Farbenspiel,
Gelbe und rote Tücher von links nach rechts schwingen.

leuchtet hier und auch dort,
Tücher bei „hier" und „dort" nach oben ziehen.

in der Frühlingszeit.
Tuch um den eigenen Körper schwingen.

(Melodie: Hänschen klein)

Idee: Aline Kurt

Die Sonne kitzelt den Igel wach

Klanggeschichte

Instrumente

- Xylofon
- Trommel
- Rassel

Alter: ab 3 Jahren
Dauer: 5 Minuten

Hoch oben am Himmel steht sie: die Sonne. Mit ihren hellen Strahlen wärmt sie die Tiere und Pflanzen auf der Erde.
Über das Xylofon streichen.

Die Frühlingsblumen recken und strecken sich der warmen Sonne entgegen.
Erneut über das Xylofon streichen und trommeln.

„Ach, ist das schön", denken die Blumen und summen leise ein Frühlingslied vor sich hin.
Eine Melodie summen und auf der Trommel begleiten.

Plötzlich raschelt es unter der alten Linde.
Die Rassel sachte hin- und herbewegen.

Die Blumen schauen einander verwundert an. „Nanu, was ist denn das?", fragt die Tulpe den Krokus zu ihrer Rechten.
Trommeln.

Doch der Krokus weiß auch keine Antwort auf die Frage. Verwundert schauen die Blumen dabei zu, wie sich der Laubhaufen immer stärker schüttelt. Das Rascheln wird immer lauter und einzelne Blätter fliegen hinab.
Erst sachte, dann immer stärker rasseln.

Da plötzlich kommt ein kleines schwarzes Näschen hervor. Dann ist auch schon ein kleines Ohr zu sehen. Wer das wohl ist?
Rasseln und dann die Kinder Mutmaßungen anstellen lassen.

Es ist ein kleiner Igel. Er hat den Winter in seinem kuscheligen Laubhaufen verbracht. Doch nun hat ihn die warme Frühlingssonne wachgekitzelt.
Über das Xylofon streichen.

Idee: Aline Kurt

Sommer

Beeren im Körbchen

Klanggedicht

Alter: ab 1 Jahr
Dauer: 20 Minuten

Instrumente

- Triangel (Himbeere)
- Rasseln (Brombeeren)
- Glöckchen (Stachelbeeren)

Himbeeren wippen hin und her,
ich pflück sie schnell, ist gar nicht schwer.
Triangel spielen.

Brombeeren schaukeln im Stachelstrauch,
ich pflück sie schnell, sie schmecken auch.
Rasseln.

Stachelbeeren, prall und rund,
ich pflück sie, sie wandern in meinen Mund.
Glöckchen läuten.

Mein Körbchen trag ich jetzt nach Haus
und die Geschichte, die ist aus.
Alle Instrumente klingen gemeinsam, die letzte Zeile flüstern und dabei alle Instrumente immer leiser werden lassen, bis zum Schluss Stille herrscht.

Idee: Tina Scherer

Summ, summ, summ

Klanggedicht

Alter: ab 3 Jahren
Dauer: 10 Minuten

Summ, summ, summ,
ein Bienchen summt herum.
Lässt sich nieder, ruht sich aus,
fliegt geschwind wieder nach Haus.
Summ, summ, summ,
ein Bienchen summt herum.

Brumm, brumm, brumm,
'ne Hummel brummt herum.
Lässt sich nieder, ruht sich aus,
fliegt geschwind wieder nach Haus.
Brumm, …

Zisch, zisch, zisch,
die Wespe wundert sich.
Lässt sich nieder, ruht sich aus,
fliegt geschwind wieder nach Haus.
Zisch, …

Sirr, sirr, sirr,
die Libelle landet hier.
Lässt sich nieder, ruht sich aus,
fliegt geschwind wieder nach Haus.
Sirr, …

Leise, leise, leise,
eine Fliege ist auf der Reise.
Lässt sich nieder, ruht sich aus,
fliegt geschwind wieder nach Haus.
Leise, …

(Melodie: Summ, summ, summ)

Und so geht's:

Dieses Klanggedicht können Sie einfach mitsingen und mitsummen: Die Kinder begleiten das Lied mit den typischen Insektengeräuschen, indem sie für die Biene leise summen, bei der Hummel laut und dunkel brummen, bei der Wespe zischen … Alternativ können die Kinder natürlich auch Klanginstrumente für die einzelnen Insekten aussuchen und jede Strophe damit begleiten.

Idee: Tina Scherer

Der Schlangen-schlaf

Alter: ab 3 Jahren
Dauer: 15 Minuten

Klanggedicht

Instrumente

- Rasseln

In einer Wüste, ganz am Rande,
lebt eine Klapperschlangenbande.
Ganz leise rasseln und zischen.

Wenn es heiß ist, so wie heute,
klappern große und kleine Leute.
Lauter rasseln und zischen.

Was für ein Treiben, was für ein Lärm!
So haben es Klapperschlangen gern.
Ganz laut rasseln und zischen.

Doch wenn die Nacht kommt, wird es kalt,
die Schlangen klappern leiser bald.
Etwas leiser rasseln.

Und leiser, immer leiser jetzt,
werden die Schlangen in ihrem Nest.
Flüstern Sie den Text, die Kinder rasseln und zischen nur noch ganz leise.

Die ersten Schlangen hören auf,
schlummern auf dem Schlangenbauch.
Die Kinder, die Sie kurz am Arm berühren, hören mit den Geräuschen auf.

Noch mehr Schlangen schlummern ein,
lassen das Rasseln und Zischen sein.
Sie berühren die restlichen Kinder nach und nach, bis alle Kinder aufhören.

Und schließlich zieht die Ruhe ein,
es schlafen die Schlangen, groß und klein.
Sie flüstern den Text, gemeinsam lauschen Sie dann in die Stille.

Idee: Tina Scherer

Ein Gewitter kommt

Klanggeschichte

Alter: ab 3 Jahren
Dauer: 20 Minuten

Instrumente

- Triangel
- Glockenspiel
- Guiro
- Holzblocktrommel
- Rahmentrommel
- Xylofon

Es ist ein wunderschöner Tag.
Die Sonne scheint.
Mehrmals die Triangel schlagen.

Doch plötzlich ziehen über dem Himmel dunkle Wolken auf.
Mehrmals auf dem Guiro streichen.

Es fängt an zu regnen.
Holzblocktrommel mehrmals anschlagen.

Es donnert
Rahmentrommel einmal anschlagen.

und es blitzt.
Auf dem Xylofon entlangfahren.

Plötzlich hört das Gewitter auf.
Alle Kinder klatschen in die Hände.

Es scheint wieder die Sonne.
Triangel mehrmals anspielen.

Und was ist das? Am Himmel ist ein wunderschöner Regenbogen zu sehen!
Mehrere Töne auf dem Glockenspiel spielen.

Idee: Michaela Lambrecht

Der Besuch im Zoo

Klanggedicht

Alter: ab 3 Jahren
Dauer: 5 Minuten

Instrumente

- Rahmentrommel (Elefant)
- Becken (Eule)
- Xylofon (Nilpferd)
- Guiro (Papagei)
- Schellenkranz (Affe)
- Triangel (Sonne)
- Holzblocktrommel (Specht)
- Rassel (Klapperschlange)
- Fingercymbeln (Maus)

In den Zoo will ich heut gehn,
und dort viele Tiere sehn.

Elefanten, groß und grau,
und Eulen, die sind furchtbar schlau.

Aber auch ein Nilpferdkind,
möchte ich jetzt sehn geschwind.

Plötzlich hör ich einen Schrei,
war das grad der Papagei?

Nein, das kann ja gar nicht sein,
er wird wohl von den Affen sein.

Weiter geht es nun voll Wonne,
wir haben Glück, es scheint die Sonne.

Was pocht denn hier? Ja, ihr habt recht,
das Klopfen stammt von einem Specht.

Oh, jetzt wird mir aber bange,
hier klappert doch 'ne Klapperschlange!

Oder ist es eine Maus?
Ich muss jetzt sowieso nach Haus.

Heute war ein schöner Tag,
weil ich alle Tiere mag.

Idee: Leah Schäfer

Im Flugzeug

Lied

Alter: ab 4 Jahren
Dauer: 5 Minuten

1 Ich sitze im Flugzeug
und fühl mich famos.
Ich fliege nach Japan
und gleich geht es los.
Ich werde in Tokio ganz viel spazieren gehn.
Den Fuji, den Fuji, den Fujijama sehn.

2 Ich sitze im Flugzeug
und fühl mich famos.
Ich fliege nach Spanien
und gleich geht es los.
Flamenco, Flamenco – das Tanzen macht mir Spaß.
Und gleich nach dem Tanzen, da ess ich erst mal was.

3 Ich sitze im Flugzeug
und fühl mich famos.
Ich flieg nach Italien
und gleich geht es los.
In Pisa ein Turm steht, doch der ist nicht gerad.
Wenn dieser mal umfällt, dann haben wir den Salat.

(Melodie: Zeigt her eure Füße)

Idee: Leah Schäfer

Mit dem Luftballon um die Welt

Spiellied

Alter: ab 3 Jahren
Dauer: 10 Minuten

Ich hab einen Luftballon,	*Hand nach oben halten, als ob man einen Luftballon hält.*
den mag ich sehr gerne.	*Beide Arme vor dem Oberkörper verschränken.*
Mit ihm fliege ich davon,	*Hand über die Augen an die Stirn halten.*
in die weite Ferne.	*Hand über die Augen an die Stirn halten.*
Berge, Gipfel und auch Ziegen,	*Bewegungen wie beim Wandern machen.*
kann ich in den Bergen kriegen.	*Hände vor dem Oberkörper zu einem Dreieck halten.*
Ich hab einen Luftballon,	*Hand nach oben halten, als ob man einen Luftballon hält.*
den mag ich sehr gerne.	*Beide Arme vor dem Oberkörper verschränken.*
Ich hab einen Luftballon,	*Hand nach oben halten, als ob man einen Luftballon hält.*
den mag ich sehr gerne.	*Beide Arme vor dem Oberkörper verschränken.*
Mit ihm fliege ich davon,	*Hand über die Augen an die Stirn halten.*
in die weite Ferne.	*Hand über die Augen an die Stirn halten.*
In Australien ist's sehr warm,	*Mit dem Handrücken Schweiß wegwischen.*
mit Koala auf dem Arm.	*So tun, als hätte man einen Koala auf dem Arm.*
Ich hab einen Luftballon,	*Hand nach oben halten, als ob man einen Luftballon hält.*
den mag ich sehr gerne.	*Beide Arme vor dem Oberkörper verschränken.*
Ich hab einen Luftballon,	*Hand nach oben halten, als ob man einen Luftballon hält.*
den mag ich sehr gerne.	*Beide Arme vor dem Oberkörper verschränken.*
Mit ihm fliege ich davon,	*Hand über die Augen an die Stirn halten.*
in die weite Ferne.	*Hand über die Augen an die Stirn halten.*
Jetzt nach China mag ich gehn,	*Mit dem Finger in die Ferne zeigen.*
mir die Mauer anzusehn.	*Die Arme nach oben halten, um etwas Großes zu zeigen.*
Ich hab einen Luftballon,	*Hand nach oben halten, als ob man einen Luftballon hält.*
den mag ich sehr gerne.	*Beide Arme vor dem Oberkörper verschränken.*

(Melodie: Morgen kommt der Weihnachtsmann)

Idee: Leah Schäfer

Ich liege auf der Wiese

Lied

Alter: ab 3 Jahren
Dauer: 5 Minuten

1 Ich liege auf der Wiese
und schaue hoch hinauf.
Dort seh ich eine Wolke,
grad wie ein Wattebausch.
Ach, liebe Wolke, sei doch so nett
und lass mich mit dir gehn.
Ich würde ja so gerne
die Welt von oben sehn.

2 Doch leider muss ich bleiben
und seh mich weiter um.
Im Gras und auf den Bäumen,
da gibt es viel Gebrumm.
Die Bienen und die Hummeln
und auch die Käferlein.
Die fliegen zu den Blumen
und trinken Nektar fein.

(Melodie: Komm lieber Mai und mache)

Idee: Leah Schäfer

Ernie Elefants Urlaubsreise

Klanggeschichte

Alter: ab 4 Jahren
Dauer: 15 Minuten

Es war ein heißer Sommertag und **Ernie Elefant lag** in der prallen afrikanischen Sonne. *Rahmentrommel mit der Hand streichen.*

„Ist das heiß hier!", stöhnte er. „Ich halte es nicht mehr aus. Ich fahre jetzt in den Winterurlaub.

Gesagt, getan. **Ernie** packte seinen Koffer und **lief los**.
Rahmentrommel langsam und gleichmäßig schlagen.

Am Flughafen angekommen, stieg **Ernie** in das erste **Flugzeug**, das er sah. Die Maschine nahm Schwung und hob ab. Immer höher stieg sie in die Luft. War das ein Spaß!
Töne des Glockenspiels einzeln und langsam von unten nach oben spielen.

Langsam wurde der **Elefant müde**, lehnte sich in seinen Sitz zurück und schloss die Augen.
Rahmentrommel mit der Hand streichen.

Als er wieder aufwachte, setzte das **Flugzeug** gerade zur Landung an.
Töne des Glockenspiels einzeln und langsam von oben nach unten spielen.

Ernie schaute aus dem Fenster. „Alles weiß!", staunte er und konnte es kaum erwarten, endlich auszusteigen.

So schnell er konnte, lief der kleine Elefant zum Ausgang *(Rahmentrommel schnell und gleichmäßig schlagen)*, rannte die **Flugzeugtreppe** hinunter *(Töne des Xylofons einzeln und schnell von oben nach unten spielen)* und ließ sich in den ersten Schneehaufen fallen, den er am Rand des Rollfeldes finden konnte *(Mit dem Schlägel auf das Becken schlagen)*.

Idee: Leah Schäfer

„Brr, ist das aber kalt!", bibberte Ernie und konnte gar nicht mehr aufhören zu zittern. *Klanghölzer schnell aneinanderschlagen.*

Der **Elefant ging** *(Rahmentrommel)* mit den anderen Passagieren in die Flugzeughalle, holte sein Gepäck, setzte sich in einem Café an den **Kamin** *(Mit Zellophanpapier rascheln)* und trank einen heißen Kakao. Und noch einen. Und noch einen. Aber ihm wurde einfach nicht wärmer *(Klanghölzer schnell aneinanderschlagen)*.

Instrumente

- Rahmentrommel (schlafender Elefant, gehender Elefant)
- Glockenspiel (Flugzeug)
- Xylofon (Flugzeugtreppe)
- Becken (Elefant, der in den Schnee fällt)
- Klanghölzer (frierender Elefant)
- Zellophanpapier (knisternder Kamin)
- Fingercymbeln (Idee)

Da kam ihm eine geniale **Idee**.
Fingercymbeln einmal gegeneinanderschlagen.

Ernie schnappte sich sein Gepäck und **rannte** aus dem Café.
Rahmentrommel schnell und gleichmäßig schlagen.

So schnell er konnte, **lief Ernie** zum Rollfeld und stieg die **Treppe** zu dem **Flugzeug** hinauf, das ihn hergebracht hatte *(Töne des Xylofons einzeln und schnell von unten nach oben spielen)* und setzte sich auf einen freien Platz.

Das **Flugzeug** hob ab *(Töne des Glockenspiels einzeln und langsam von unten nach oben spielen)* *und der immer noch frierende Elefant* *(Klanghölzer schnell aneinanderschlagen)* konnte es kaum erwarten, endlich anzukommen.

Das **Flugzeug** setzte zur Landung an.
Töne des Glockenspiels einzeln und langsam von oben nach unten spielen.

Ernie Elefant streckte seinen Rüssel in die warme afrikanische Sonne und ging lächelnd die **Flugzeugtreppe** hinunter.
Töne des Xylofons einzeln und langsam von oben nach unten spielen.

Kurz darauf machte er es sich an seinem Lieblingsplatz gemütlich. „Zu Hause ist es doch am schönsten", dachte er noch so bei sich und dann war er auch schon **eingeschlafen**.
Rahmentrommel mit der Hand streichen.

Mein Eis, das hat drei Kugeln

Lied

Alter: ab 3 Jahren
Dauer: 5 Minuten

1 Mein Eis, das hat drei Kugeln,
es schmeckt mir ja so sehr.
Vanille, Schoko, Erdbeer,
da will ich gleich noch mehr.

2 Doch wenn ich lange warte,
dann tropft das Eis herab.
Drum ess ich ganz schnell weiter
und schleck die Tropfen ab.

3 Noch schnell die Waffel knabbern,
dann bin ich fertig hier.
Und morgen ess ich noch eins,
doch dann mit Kugeln vier.

(Melodie: Mein Hut, der hat drei Ecken)

Idee: Leah Schäfer

Da hüpft ein kleiner Hüpfer

Spiellied

Alter: ab 3 Jahren
Dauer: 10 Minuten

1 Da hüpft ein kleiner Hüpfer
über Wiesen, Gras und Feld.
Er schüttelt seine Beine,
weil ihm das so gut gefällt.

Refrain:
Komm, mach mit und schüttel dich,
Spaß hast du da sicherlich!
Komm, mach mit und schüttel dich,
Spaß hast du da viel!

2 Da hüpft ein kleiner Hüpfer
über Wiesen, Gras und Feld.
Er stampft mit seinen Beinen,
weil ihm das so gut gefällt.

Komm, mach mit und ...

3 Er rollt sich auf dem Rücken ...

4 Er tanzt auf allen Beinen ...

5 Er gähnt und reckt und streckt sich ...

Idee: Tina Scherer

Oh, mein liebes Planschbecken

Lied

Alter: ab 3 Jahren
Dauer: 10 Minuten

1
Oh, mein liebes Planschbecken, Planschbecken, Planschbecken,
oh, mein liebes Planschbecken, ich freu mich so!
Wasser rein, Wasser rein, bald wirst du voll schon sein.
Oh, mein liebes Planschbecken, dann geht es los.

2
Oh, mein liebes Planschbecken, Planschbecken, Planschbecken,
oh, mein liebes Planschbecken, ich freu mich so!
Boot hinein, Boot hinein, zum Spielen, das ist fein.
Oh, mein liebes Planschbecken, dann geht es los.

3
Oh, mein liebes Planschbecken, Planschbecken, Planschbecken,
oh, mein liebes Planschbecken, ich freu mich so!
Entchen rein, Entchen rein, so wird es lustig sein.
Oh, mein liebes Planschbecken, dann geht es los.

4
Oh, mein liebes Planschbecken, Planschbecken, Planschbecken,
oh, mein liebes Planschbecken, ich freu mich so!
Ich geh rein, ich geh rein, will jetzt im Wasser sein.
Oh, mein liebes Planschbecken, jetzt geht es los.

(Melodie: Oh, du lieber Augustin)

Idee: Marion Bischoff

Wenn die liebe Sonne lacht

Klanggedicht

Alter: ab 3 Jahren
Dauer: 15 Minuten

Instrumente

- Verschiedene Alltagsmaterialien

Wenn die liebe Sonne lacht,
allen Menschen Freude macht.
Gehe ich so gerne raus
und bau 'ne Sandburg und ein Haus.

Ich schnappe meinen Sonnenhut,
creme die Haut ein – das ist gut.
Die Sonnenbrille setz ich auf
und bin bereit zum Sonnenlauf.

Im Garten schwirrt es und ist heiß,
von meiner Stirn tropft schon der Schweiß.
Drum mache ich mich richtig nass,
im Planschbecken – das macht mir Spaß!

Der Sonnenschirm steht auch schon da,
zu schützen mich mit Haut und Haar.
So macht der Sommer große Freude,
für große und für kleine Leute.

Und so geht's:
Sammeln Sie Alufolie, Holzstäbchen, Topfdeckel usw. und lassen Sie die Kinder überlegen, welche Materialien für welches Geräusch geeignet sind.

Idee: Marion Bischoff

Das fleißige Faultier

Alter: ab 4 Jahren
Dauer: 15 Minuten

Klanggeschichte

Frank, das Faultier, hing in seinem Baum und schlief tief und fest. Da traf ihn eine Kokosnuss am Kopf und Frank plumpste mit einem lauten Knall auf den Boden. „Aua!", jammerte das Faultier und schüttelte sich erst einmal.

Wo bin ich und wer bin ich überhaupt? Frank konnte sich beim besten Willen nicht mehr daran erinnern, was für ein Tier er war. Deshalb machte er sich auf den Weg durch den Dschungel, um herauszufinden, wer er eigentlich war.

Da traf er einen Affen. „Hallo, ich bin Artur Affe. Und wer bist du?" „Mein Name ist Frank. Aber mehr weiß ich nicht über mich. Ich bin vom Baum gefallen und habe mir den Kopf gestoßen. Seitdem kann ich mich nur noch an meinen Namen erinnern und sonst an nichts mehr."

„Vielleicht bist du ja auch ein Affe. Dein Fell ist genauso flauschig wie meins. Komm, wir probieren es aus. Lass uns ein paar Lianen schnappen und wir schwingen uns durch den Urwald."

Gesagt, getan. Artur und Frank schwangen sich durch die Luft. Doch das Faultier konnte sich nicht so gut festhalten und stürzte ab. Zum Glück landete es auf einem weichen Bananenblatt. „Ein Affe scheinst du wohl nicht zu sein. Wir suchen einfach weiter."

Die beiden Tiere liefen weiter durch den Dschungel und schauten sich um. Da sahen sie einen Nasenbären. „Hallo, wer seid ihr denn? Ich bin Norbert Nasenbär und wohne hier."

Idee: Leah Schäfer

„Ich bin Artur Affe und das ist mein neuer Freund Frank. Er weiß leider nicht mehr, wer er ist. Und um das herauszufinden, sind wir unterwegs." „Hallo Frank, vielleicht bist du ja auch ein Nasenbär, so wie ich. Immerhin haben wir eine ähnliche Größe."

Frank und Norbert liefen los und suchten sich etwas zu essen. Norbert steckte seine bewegliche Nase in eine kleine Spalte an einem Baum und schlürfte ein paar Insekten heraus.

Frank versuchte es ebenfalls. Doch seine Nase war viel zu kurz. Er kam einfach nicht richtig in die Spalte. „Ich glaube, ein Nasenbär bin ich auch nicht."
Da liefen die drei Tiere weiter.

Instrumente

- Xylofon (Frank Faultier)
- Klangstäbe (Artur Affe)
- Rahmentrommel (Norbert Nasenbär)
- Triangel (Fledermaus)
- Rassel (Shakira Schlange)

„Also wenn du vom Baum gefallen bist, dann lebst du bestimmt auch in einem Baum. Und dann müssen wir oben suchen", sagte Artur. Die drei Freunde hoben die Köpfe. Da sahen sie eine Fledermaus im Baum hängen. Sie blinzelte nur kurz und schlief gleich wieder ein.

Frank beschloss, sich dazu zu hängen. Leider vertrug das Faultier das Kopfüberhängen nicht und ihm wurde schon nach kürzester Zeit ganz fürchterlich schlecht. „Eine Fledermaus bin ich also auch nicht. Dabei hat das so gemütlich ausgesehen."

Da kam eine Schlange vorbei. Sie sagte: „Hallo Frank, da bist du ja. Ich habe dich schon eine ganze Weile gesucht. Magst du mit mir zurückkommen? Deine Familie wartet schon mit dem Essen auf dich."

Und Frank erinnerte sich an seine Freundin. „Hallo Shakira. Wie schön, dass du da bist. Jetzt weiß ich auch wieder, welches Tier ich bin. Ich bin ein Faultier!" Und er erzählte der Schlange, was er in den letzten Stunden erlebt hatte.

Und so geht's:

Gut aufpassen! Jedes Mal wenn eines der Tiere in der Geschichte genannt wird, erklingt das dazu passende Klanginstrument. Jedes Kind sucht sich das Tier aus, das es spielen möchte.

Dann machten sich Frank Faultier, Artur Affe, Norbert Nasenbär und Shakira Schlange auf den Weg zu Franks Familie, wo sie alle noch gemeinsam zu Abend essen wollten.

Wir machen Wasser-schlacht

Alter: ab 3 Jahren
Dauer: 15 Minuten

Lied

1 Das Wasser rauscht durch unsern Schlauch.
Jetzt spritzt es gleich auf deinen Bauch.
Die ganze Kinderbande brüllt:
Wir machen Wasserschlacht, wir machen Wasserschlacht,
wir machen Wasserschlacht, hurra!

2 Der Gartenschlauch liegt schon bereit,
die Nelli ruft: „Es ist so weit!"
Die ganze Kinderbande brüllt:
Wir machen …

3 Der Opa liegt im Liegestuhl.
„Lasst mich in Ruh, ich bin nicht cool!"
Die ganze Kinderbande brüllt:
Wir machen …

4 Die Oma kommt schnell aus dem Haus,
zieht ihre Küchenschürze aus.
Die ganze Kinderbande brüllt:
Wir machen …

5 Die Mama freut sich: „Welch ein Spaß!
Wir machen jetzt den Papa nass."
Die ganze Kinderbande brüllt:
Wir machen …

6 Der Papa hat sich gleich versteckt.
Ne Spritzpistole hingelegt.
Die ganze Kinderbande brüllt:
Wir machen …

7 Jetzt endlich heißt es: „Wasser los!"
Mama und Papa rennen los.
Die ganze Kinderbande brüllt:
Wir machen …

8 Und alle Kinder hinterher.
Elterndusche bitte sehr!
Die ganze Kinderbande brüllt:
Wir machen …

(Melodie: Die Affen rasen durch den Wald)

Idee: Marion Bischoff

Sonne, liebe Sonne

Lied

Alter: ab 3 Jahren
Dauer: 15 Minuten

1 Sonne, liebe Sonne, komm schein in unsern Garten.
Wir wollen raus, raus aus dem Haus, die Sonne sehn.
Und dann auch auf den Spielplatz gehn!

2 Sonne, liebe Sonne, komm wärme uns das Wasser.
Wir wollen raus, schwimmen vorm Haus, die Sonne sehn.
Und dann auch lustig planschen gehn!

3 Sonne, liebe Sonne, du lässt die Menschen lachen.
Wir wollen raus, spielen vorm Haus, die Sonne sehn.
Im Sandkasten zum Buddeln gehn!

(Melodie: Backe, backe Kuchen)

Idee: Marion Bischoff

Herbst

Klapperdiklapp

Klanggedicht

Alter: ab 4 Jahren
Dauer: 15 Minuten

Instrumente
- Klapperskelett, ersatzweise Klangstäbe oder Holzblocktrommeln
- Gong oder Klangschale

Klapperdiklapp, klapperdiklapp,
es klappert und klippert: klippklapp, klippklapp.

Denn heute tanzen Gespenster im Kreis,
sie tanzen ganz laut, sie tanzen ganz leis.

Sie klappern ganz wild mit Knochen und Ketten,
sie klappern ganz langsam auf Türmen, in Betten.

Doch horch: Da schlägt die Turmuhr ein Uhr
und plötzlich sind leergefegt Gänge und Flur.

Leiser wird jetzt das Klappern und Klingen,
kein Heulen, kein Jammern, kein Geistersingen.

Und so geht's:
Die Kinder klappern und klopfen passend zum Text mit: laut, leise, schnell, langsam. Wenn die Turmuhr schlägt, schlagen Sie oder ein Kind ein Mal den Gong oder die Klangschale an. Zum Schluss flüstern Sie den Text nur noch und die Kinder klappern immer leiser, bis in der letzten Zeile kein Laut mehr zu hören ist.

Idee: Tina Scherer

Drei Gespenster und 'ne Fledermaus

Lied

Alter: ab 4 Jahren
Dauer: 10 Minuten

1 Drei Gespenster und 'ne Fledermaus
flattern durch die Stadt und jetzt in unser Haus.
Sie haben Spaß und fliegen dann zum Fenster raus:
drei Gespenster und 'ne Fledermaus.

2 Drei Schakale und ein Zottelbär
ziehen durch die Stadt und kommen nun hierher.
Sie wollen mit uns feiern, ja, sie freun sich sehr:
drei Schakale und ein Zottelbär.

3 Drei Vampire und Graf Dracula
schleichen durch die Stadt und bald sind sie schon da.
Sie tanzen heut mit uns und finden's wunderbar:
drei Vampire und Graf Dracula.

(Melodie: Drei Chinesen mit dem Kontrabass)

Idee: Karin Schäufler

Der Herbst ist wunderbar

Lied

Alter: ab 3 Jahren
Dauer: 10 Minuten

1 Der Herbst riecht gut, der Herbst ist bunt,
wir ernten Äpfel, kugelrund!
Herbst ist wunderbar! Das ist allen klar!
Ja, der Herbst ist wunderbar!

2 Der Herbst ist kühl, der Herbst ist schön,
mal Sonnenschein, mal Sturm und Föhn!
Herbst ist wunderbar! Das ist allen klar!
Ja, der Herbst ist wunderbar!

3 Der Herbst ist da, das Laub vergeht,
wird bald schon durch die Welt geweht!
Herbst ist wunderbar! Das ist allen klar!
Ja, der Herbst ist wunderbar!

4 Der Herbst ist neblig, feucht und grau,
der Igel sucht sich einen Bau!
Herbst ist wunderbar! Das ist allen klar!
Ja, der Herbst ist wunderbar!

(Melodie: Vogelhochzeit)

Idee: Karin Schäufler

Unterwegs mit den Wassertropfen

Klanggeschichte

Alter: ab 4 Jahren
Dauer: 20 Minuten

Instrumente

- Glockenspiel
- Xylofon
- Klangstäbe
- Triangeln
- Rahmentrommel

Die zwei kleinen Wassertropfen mit den Namen Plitsch und Platsch waren ganz aufgeregt.
Bei „Plitsch" einmal auf das Glockenspiel schlagen, bei „Platsch" einmal auf das Xylofon. Dann beide Instrumente schnell spielen.

Endlich waren sie groß genug, um ihre erste Reise zur Erde zu unternehmen.
Die Klangstäbe anschlagen.

Hurra! Ganz vorsichtig sprangen sie von ihrer Wolke herab und flogen durch die Lüfte.
Die Triangel anschlagen.

Sie wurden immer schneller und schneller und es war wunderschön.
Die Triangel schneller anschlagen.

Schon bald war es Zeit zum Landen.
Ein Schlag auf der Rahmentrommel.

Plitsch suchte sich eine wunderschöne, rote Rose aus, auf der er landete.
Ein Schlag auf dem Glockenspiel anspielen.

Die Rose freute sich sehr über den Wassertropfen. Platsch besuchte ganz viele andere Regentropfen in einer Pfütze.
Einmal das Xylofon anspielen.

Die anderen Regentropfen freuten sich sehr, ihn zu sehen. Nach einer Weile wurde es den beiden Regentropfen ganz warm und sie verdunsteten. So gelangten sie wieder zurück auf ihre Wolke und freuten sich sehr, ihre Eltern wiederzusehen.
Mit dem Schlägel jeweils auf dem Glockenspiel und dem Xylofon hin- und herfahren.

Eine tolle Reise!
Alle Kinder dürfen klatschen.

Idee: Michaela Lambrecht

Wer darf mit zum Erntedank?

Klanggeschichte

Alter: ab 4 Jahren
Dauer: 30 Minuten

Heute hat Lisa, die Erzieherin, den Kindern von Erntedank erzählt und dass sie bald ein Fest feiern werden. Doch Annika hat das nicht so richtig verstanden. Als sie nach Hause kommt, fragt sie ihren Opa nach Erntedank. Opa Karl ist Landwirt, also muss er das ja wissen. „Erntedank", sagt Opa und kratzt sich hinter dem Ohr, „das war früher ein ganz großes und wichtiges Fest. Alle Leute haben Gemüse und Obst in die Kirche gebracht und das ganze Gotteshaus damit geschmückt und Sonntagmorgen Gott dafür gedankt, dass sie so eine gute Ernte hatten. Nachmittags haben sich alle zum Tanz auf dem Dorfplatz getroffen und haben bis spät in den Abend fröhlich gefeiert – und dabei viel gegessen und getrunken."

Am nächsten Tag geht Annika mit Opa ins Gewächshaus. „So, nun bin ich ja mal gespannt, ob du mein Gemüse auch kennst", sagt Opa Karl. „Na klar", antwortet Annika, „da vorne, das sind Tomaten und Paprika und das da ..." Schon kommt Annika ins Stocken. Hier wachsen so viele Sachen, die sie gar nicht kennt. „Komm, Annika", sagt Opa, „ich zeige dir jetzt mal, wie das Gemüse aussieht, bevor es im Supermarkt im Regal liegt. Die da unter der Erde mit den feinen langen grünen Blättern, das sind die Karotten. Wenn du richtig hinschaust, kannst du sie ein ganz kleines bisschen aus der Erde herausstehen sehen." Opa geht mit Annika von Beet zu Beet und zeigt ihr den Fenchel, die Bohnen, noch mehr Tomaten und Zucchini.
Danach gehen Sie aufs Feld.

Hier zeigt Opa Annika Kartoffeln, Weißkohl, Knollensellerie und zum Schluss den besonders schönen Rosenkohl direkt neben den Obstblumen. „Ach Opa", sagt da Annika plötzlich, „darf ich denn den schönen Rosenkohl zu unserem Erntedankfest in den Kindergarten mitnehmen?" „Warum eigentlich nicht?", sagt der Bauer Karl. Und das hat der Rosenkohl klar und deutlich gehört. Aufgeregt verteilt der Rosenkohl die Nachricht auf dem ganzen Gemüseacker. „Ich darf zum Erntedankfest mitgehen", ruft er zu den Kartoffeln hinüber. Und diese erzählen dem Fenchel, dass der Rosenkohl zum Erntedankfest mit in die Kita darf. „Und wir?", schreien da die Karotten so laut, dass die Zucchini zusammenzucken. Die Bohnen sind fast

Idee: Heike König

schon beleidigt, weil sie nicht wissen, ob sie auch mitgehen dürfen, und die Tomaten sind traurig, weil sie vielleicht schon vor dem großen Fest aufgegessen sind. Nur die Paprika behält die Ruhe und sagt: „Bestimmt dürfen wir alle mit, auch der Knollensellerie!"

Opa zeigt Annika, wie man den Paprika mit der Gartenschere abschneidet, und legt ihn in ein Körbchen. Und während Annika Bohnen abbricht, holt Opa die Karotten mit der Grabegabel aus der Erde und legt sie in einen Eimer.
Als Annika die Tomaten vom Stock zupft und zu den Paprika legt, ist ihr Opa schon bei den Kartoffeln und gräbt sie aus der Erde. Annika wirft die Kartoffeln in ein Säckchen. Danach zieht Opa den Fenchel und den Knollensellerie mit viel Kraft an dem grünen Kraut aus der Erde und legt sie in seinen Handkarren. Mit einem großen scharfen Messer schneidet er den Weißkohl ab und bringt es zu Fenchel und Knollensellerie. Ganz zum Schluss ernten sie gemeinsam den Rosenkohl ab und legen die Röschen in ein Körbchen. „Geschafft!", freut sich Annika. „So", sagt der Rosenkohl zu den anderen, jetzt geht es bald los zum Erntedankfest! Die Kartoffeln, die Karotten auch die Tomaten und die Paprika jubeln.

Früh am nächsten Morgen fährt Annika sehr stolz den Handkarren mit dem ganzen Gemüse in den Kindergarten. Die Erzieherin Lisa hat bereits einen großen Tisch mit einer schönen Tischdecke vorbereitet. Gemeinsam waschen und trocknen sie das Gemüse und legen es auf den großen Tisch. Alle Kinder helfen mit. Auch das Gemüse ist begeistert. Es darf sich von seiner besten Seite zeigen. Um 11 Uhr soll das große Fest beginnen. Alle Eltern sind eingeladen und Annikas Mama und Papa haben auch Opa Karl mitgebracht.

Zu Beginn hat Lisa Gott für die reichlichen Gaben der Natur gedankt und gleich danach Opa Karl für seine großzügige Gemüsespende. Danach singen die Kinder Herbstlieder und fordern ihre Eltern zum gemeinsamen Tanz auf. Dann erzählt Opa Karl den Kindern noch viele Geschichten vom Rosenkohl, von den Karotten, den Kartoffeln und allen anderen Gemüsesorten.
Das Fest ist ein voller Erfolg!

Und so geht's:

Ordnen Sie gemeinsam mit den Kindern jedem Gemüse ein Instrument zu. Beim Vorlesen der Gemüsesorte, etwa Kartoffeln, klingen dann immer die gleichen „Kartoffelinstrumente". Bei „Gemüse" oder „Gemüseacker" erklingen alle Instrumente gemeinsam. Folgende Gemüsesorten (im Text fett gedruckt) kommen in der Geschichte vor: **Tomaten, Paprika, Karotten, Fenchel, Bohnen, Zucchini, Kartoffeln, Weißkohl, Knollensellerie, Rosenkohl**.

Ich spring in eine Pfütze

Alter: ab 3 Jahren
Dauer: 5 Minuten

Spiellied

1 Es regnet in Strömen und alles ist nass. Plitsch, platsch.
Ich will gleich nach draußen, denn das macht mir Spaß. Plitsch, platsch.
Ich nehm meine Jacke und ziehe sie an
und gleich sind auch noch meine Schuhe dran.
Plitsch, platsch, plitsch, platsch, plitsch, platsch.

2 Die Stiefel aus Gummi, da schlüpf ich jetzt rein. Plitsch, platsch.
So können die Füße ganz trocken sein. Plitsch, platsch.
Ich geh in den Regen und freu mich so sehr,
die Pfützen, die werden immer mehr.
Plitsch, platsch, plitsch, platsch, plitsch, platsch.

3 Ich nehme jetzt Anlauf und dann geht es los. Plitsch, platsch.
Die Pfütze, hier vor mir, die ist riesengroß. Plitsch, platsch.
Ich springe hinein und das Wasser spritzt raus,
doch meine Stiefel, die halten das aus.
Plitsch, platsch, plitsch, platsch, plitsch, platsch.

(Melodie: Es klappert die Mühle am rauschenden Bach)

Und so geht's:
Die Kinder begleiten das Lied mit den passenden Anzieh- und Hüpfbewegungen. Als Pfützen eignen sich auch Teppichfliesen – oder die Kinder springen in richtige Pfützen. Das macht natürlich am meisten Spaß!

Idee: Leah Schäfer

Die Spukgespenster

Spiellied

Alter: ab 3 Jahren
Dauer: 10 Minuten

Material
- 2 Bettlaken mit Löchern für die Augen

Schau, zwei kleine Geister
spuken auf der Burg,
spuken auf der Burg.
Erschrecken alle Menschen,
huhuhu, huhu!

(Melodie: Alle meine Entchen)

Und so geht's:
Zwei Kinder verkleiden sich als Gespenster und gehen im Kreis umher. Bei „huhuhu, huhu" erschreckt jedes Kind ein anderes Kind im Kreis. Das erschreckte Kind ist dann als Nächstes das Gespenst. Das Spiel geht so lange, bis jedes Kind einmal Spukgespenst war.

Idee: Michaela Lambrecht

Constantin, das Bärenkind

Spiellied

Alter: ab 3 Jahren
Dauer: 10 Minuten

1 Constantin, das Bärenkind, das ist noch gar nicht müde.
Es stampft mit seinen Tatzen auf und wird dabei ganz wütend.
Immer soll ich schlafen gehn, will auch mal den Winter sehn.
Constantin, das Bärenkind, das ist noch gar nicht müde.
Alle laufen im Kreis und stampfen mit den Füßen auf.

2 Constantin, das Bärenkind, das will jetzt gleich hinaus.
Dieses Jahr, da fällt der Winterschlaf für ihn mal aus.
Zieht sich seine Jacke an und was er sonst noch brauchen kann.
Constantin, das Bärenkind, das will jetzt gleich hinaus.
Anziehbewegungen machen.

3 Constantin, das Bärenkind, stapft durch den tiefen Schnee.
Von dem vielen Laufen tun ihm schon die Füße weh.
So einsam ist's im Wa-ald, Constantin ist ka-alt.
Constantin, das Bärenkind, stapft durch den tiefen Schnee.
Umherstapfen, sich selbst umarmen und zittern.

4 Constantin, das Bärenkind, will lieber doch ins Bett.
Sich an Mama Bär zu kuscheln, findet er ganz nett.
Schnappt sich seinen Teddybären, freut sich auf das Schlafen sehr.
Constantin, das Bärenkind, will lieber doch ins Bett.
Die Kinder kommen zusammen und umarmen sich.

(Melodie: Auf der Mauer, auf der Lauer)

Idee: Leah Schäfer

Die Bucheckern flüstern

Klanggeschichte

Alter: ab 6 Jahren
Dauer: 25 Minuten

Instrumente

- Xylofon
- Trommel oder Rassel
- Triangel

In einem großen Buchenbaum hingen Bucheckern.
Einzelne Schläge auf dem Xylofon.

Sie schaukelten im Herbstwind und flüsterten dabei miteinander.
Auf- und absteigende Tonfolge auf dem Xylofon.

„Ich wünsche mir, dass mich ein Eichhörnchen findet und in sein Versteck bringt", rief eine kleine Buchecker.
Ein einzelner Schlag auf dem Xylofon.

„Und ich wünsche mir, dass mich ein Vogel aufpickt und ich durch die Luft fliegen kann!", flüsterte eine zweite.
Ein einzelner Schlag auf dem Xylofon.

„Ich will am liebsten im Boden liegen und dass aus mir ein neuer Buchenbaum wächst!", wünschte sich die dritte Buchecker.
Ein einzelner Schlag auf dem Xylofon.

Das gefiel der Buche auch gut und sie raschelte dazu mit ihren vielen bunten Blättern.
Trommel oder Rassel.

Da kam die X-Gruppe aus der Kita XY
Namen der Gruppe und der Kita einfügen..

„Ui!", rief eine Buchecker. „Guckt mal, die Kinder sammeln Herbstschätze. Ich flieg mal los, vielleicht nehmen sie mich ja mit!" Und schwups landete die Buchecker auf dem Boden.
Ein einzelner Schlag auf dem Xylofon.

Ein Junge namens Mika bückte sich und hob die Buchecker auf. Er betrachtete sie und legte sie in sein Körbchen.
Triangel anschlagen.

Das fanden die anderen Bucheckern toll. Schnell ließen sie sich vom Baum fallen. Ob auch ihr Bucheckern sammeln werdet?
Einzelne Schläge auf dem Xylofon.

Die Buche freute sich natürlich auch und raschelte und raschelte ... und stellte fest, dass sie gar keine Blätter mehr hatte. Da hörte sie auf zu rascheln und bereitete sich auf ihren Winterschlaf vor.
Trommel oder Rassel immer leiser werdend spielen, zum Schluss Ruhe.

Idee: Tina Scherer

Eichhörnchen-musik mit Nüssen

Klanggeschichte

Alter: ab 4 Jahren
Dauer: 20 Minuten

Instrumente

- Verschließbare Schachteln und Dosen aller Art (Blechdosen, Kaffeedosen, Pappschachteln)
- Eine Auswahl an Nüssen mit Schale Haselnüsse, Walnüsse, Erdnüsse.
- Xylofone oder Metallofone

Es ist Herbst, die Eichhörnchen sind mit dem Sammeln von Nüssen und Samen für den Winter beschäftigt.

Da ist schon das erste Eichhörnchen. Es kommt hinter einem Baum hervor und vergräbt seine Nüsse im Boden.
Ein Kind rasselt allein mit seiner Schachtel: zuerst zögernd, dann schneller.

Und da ist noch ein Eichhörnchen.
Ein zweites Kind rasselt gemeinsam mit dem ersten Kind.

Und noch eines.
Drei Kinder rasseln.

Und noch mehr Eichhörnchen.
Die anderen „Eichhörnchen"-Kinder stimmen ein.

Alle Eichhörnchen sind heute fleißig. Sie hüpfen und springen, klettern und sammeln eifrig Futter für den Winter. Was für ein Treiben!
Alle Eichhörnchen rasseln laut zusammen.

Da segelt eine erste Schneeflocke herab.
Einen Ton auf dem Xylofon oder dem Metallofon anspielen.

Und noch eine.
Einen anderen Ton anspielen.

Idee: Tina Scherer

Und da kommt schon die nächste Schneeflocke.
Einen weiteren Ton anspielen.

Und schon beginnt es leise zu schneien.
Viele Xylofon- oder Metallofontöne gemeinsam.

Jetzt schneit es schon heftiger.
Heftiger und schneller Xylofon oder Metallofon spielen.

Und nun kommt sogar noch Sturm auf. Der Sturm treibt die Schneeflocken wild durcheinander.
Sehr laute Xylofon- oder Metallofonmusik.

Das erste Eichhörnchen klettert in seinen Kobel.
Schachtelrasseln von einem Kind.

Dann das zweite.
Ein anderes Kind rasselt.

Das dritte Eichhörnchen schlüpft in sein Nest.
Das dritte Kind rasselt.

Dann das vierte.
Ein viertes Kind rasselt.

Dann sind die Eichhörnchen alle im Nest.
Alle Eichhörnchen rasseln gemeinsam.

Dort schlummern sie gemütlich und warm eingekuschelt, bis sie Hunger bekommen und bis sie ihre Nüsse suchen und ausgraben.
Von lautem zu ganz leisem Rasseln gelangen, bis die Eichhörnchenmusik verklingt.

Und so geht's:

Jedes Kind darf sich sein eigenes Rhythmikinstrument gestalten, indem es eine Dose oder eine Schachtel auswählt und sie mit den Nüssen seiner Wahl füllt. Jede Schachtel hört sich wahrscheinlich anders an. Toll!

Für die Klanggeschichte entscheiden sich die Kinder, ob sie Eichhörnchen darstellen oder lieber Schneeflocken sein möchten. Die „Eichhörnchen" rasseln mit ihren Schachteln/Dosen – Tipps dazu stehen direkt im Erzähltext – und die „Schneeflocken" spielen gemeinsam ein oder mehrere Xylofone oder Metallofone.

Im Wald raschelt und flüstert es

Klanggeschichte

Alter: ab 3 Jahren
Dauer: 15 Minuten

Instrumente

- Holzblocktrommel (Specht)
- Xylofon (Ameisen)
- Guiro (Eichhörnchen)
- Klangstäbe (Käfer)
- Glockenspiel (Reh)

Hurra, wir machen einen Waldspaziergang!
Alle Kinder machen mit beiden Beinen im Wechsel Stampfbewegungen. Dazu jubeln sie und rufen laut: „Hurra!"

Im Wald gibt es viel zu sehen und zu hören. Seid mal leise und hört in den Wald hinein.
Die Kinder machen „Pssst!" und legen eine Hand an ihr Ohr.

Was klopft denn da? Ah, es ist ein Specht. Er klopft an einem Baum.
Holzblocktrommel schlagen.

Auf dem Ameisenhügel herrscht geschäftiges Treiben. Da geht es richtig rund!
Xylofon hinauf- und herunterfahren.

Schwups: Ein Eichhörnchen flitzt einen Baum hinauf.
Auf dem Guiro streichen.

Familie Käfer macht einen Spaziergang auf dem Waldweg.
Klangstäbe schlagen.

Psst, ein kleines Reh! Schade, es hat uns entdeckt und läuft schnell davon.
Auf dem Glockenspiel mit dem Schlägel hinauf- und herunterfahren.

Jetzt ist es schon wieder Zeit für den Nachhauseweg. Kommt, wir gehen zurück in die Kita.
Die Kinder stampfen mit beiden Beinen im Wechsel und rufen: „Tschüss!"

Idee: Michaela Lambrecht

Kasimir, der Igel

Lied

Alter: ab 3 Jahren
Dauer: 5 Minuten

1 Kasimir, der Igel,
mit dem Stachelfell,
rennt durch unsren Garten
und das ziemlich schnell.
Rollt sich mal zusammen,
streckt sich wieder aus.
Kasimir, der Igel,
ist bei uns zu Haus.

2 Kasimir, der Igel,
bald ist Schlafenszeit,
sucht sich was zu fressen
und macht sich bereit.
Baut sich noch ein Nestchen,
sammelt Blatt um Blatt.
Kasimir, der Igel,
ist jetzt müd und satt.

3 Kasimir, der Igel,
legt sich jetzt zur Ruh.
Vergräbt sich in den Blättern
die Äuglein macht er zu.
Träumt dann von der Sonne,
kuschelt sich ins Nest.
Kasimir, der Igel,
schläft ganz tief und fest.

(Melodie: Spannenlanger Hansel)

Idee: Leah Schäfer

Die Tiere auf der Eiche

Klanggedicht

Alter: ab 4 Jahren
Dauer: 15 Minuten

Instrumente

- Ratsche (Eichelhäher)
- Metallofon (Eichhörnchen)
- Holzblocktrommel (Eichelbohrer)
- Triangel (Eichenwickler)

Der Eichelhäher mag Eichen sehr,
wippt auf den Ästen hin und her.
Sein Krächzen warnt die Tiere im Wald:
Ich seh es schon: Gefahr droht bald.
Ratsche

Jedes Tierchen, groß und klein,
findet Eichenbäume fein.
Alle Instrumente

Am Eichenstamm hinauf, herunter,
Eicheln knabbern, immer munter.
Das Eichhörnchen gehört dazu,
legt sich in seinem Nest zur Ruh.
Metallofon

Jedes Tierchen, groß und klein …
Alle Instrumente

Ein Eichelbohrer mit langem Rüssel
bohrt Löcher in die Eichelschüssel.
Käferkinder, winzig klein,
schlummern in der Eichel ein.
Holzblocktrommel

Jedes Tierchen, groß und klein …
Alle Instrumente

Eichenwickler, grün und zart,
lieben jede Eichenart.
Die Raupenkinder, hungrig und klein,
finden Eichenblätter fein.
Triangel

Jedes Tierchen, groß und klein …
Alle Instrumente

Idee: Tina Scherer

Der kunterbunte Herbst

Lied

Alter: ab 4 Jahren
Dauer: 5 Minuten

1 Bunte Blätter sind gefallen
und bedecken Wald und Feld.
Eine Landschaft voller Farben,
wie in einer anderen Welt.
Wie viel Freude macht's hier zu spielen,
Blätterhaufen zu durchwühlen.
In dem kunterbunten Herbst,
in dem kunterbunten Herbst.

2 Sind die Tage jetzt auch kürzer
und wird es manchmal schon kalt.
Spiel ich trotzdem draußen gerne
und der Abend kommt auch bald.
Dann pack ich gleich meine Sachen,
und weiß, was wir gleich noch machen.
Jetzt gibt's einen warmen Tee,
jetzt gibt's einen warmen Tee.

(Melodie: Weißt du, wie viel Sternlein stehen)

Idee: Leah Schäfer

Winter

Der Nikolaus hat Schnupfen

Lied

Alter: ab 3 Jahren
Dauer: 15 Minuten

1 Ach herrje,
die Nase tropft, oh weh!
'nen Schnupfen hat der Nikolaus,
er darf nicht aus dem Haus heraus.
Ach herrje,
die Nase tropft, oh weh!

2 Juchhe, juchhe,
ein Engel bringt ihm Tee.
Sankt Nikolaus trinkt alles aus,
will zu den Kindern in ihr Haus.
Juchhe, juchhe,
ein Engel bringt ihm Tee.

3 Eins, zwei, drei,
der Schlitten kommt herbei.
Sankt Niklaus eilt von Haus zu Haus,
teilt allen Kindern Päckchen aus.
Eins, zwei, drei,
jetzt ist das Lied vorbei.

(Melodie: A, B, C, die Katze lief im Schnee)

Idee: Marion Bischoff

Juhu, es schneit!

Klanggeschichte

Instrumente
- Xylofon
- Holzblocktrommel
- Klangstäbe
- Glockenspiel
- Rahmentrommel
- Triangel

Alter: ab 3 Jahren
Dauer: 10 Minuten

Es ist Winter geworden.
Mehrere Töne nacheinander auf dem Xylofon anschlagen.

Draußen ist es schon ganz kalt.
Mehrmals die Holzblocktrommel anschlagen.

Anna und ihr Freund Anton spielen im Garten Fangen.
Mit den Klangstäben mehrmals hintereinander spielen, dann kurz stoppen und weiterspielen.

Sie warten sehnsüchtig auf den ersten Schnee. Wann er wohl kommen wird?
Mehrere Töne hintereinander auf dem Glockenspiel anschlagen.

Endlich!
Die Rahmentrommel einmal kräftig anschlagen.

Eine erste Schneeflocke landet auf Antons Kopf. Hurra!
Die Triangel anschlagen.

Anton springt vor Freude in die Luft.
Die Rahmentrommel einmal anschlagen.

Anna und Anton spielen Schneeflocken fangen und freuen sich schon darauf, den ersten Schneemann zu bauen.
Auf dem Glockenspiel von oben nach unten entlangfahren.

Idee: Michaela Lambrecht

Es ist schon Advent

Lied

Alter: ab 3 Jahren
Dauer: 10 Minuten

1 Ihr Kinder, heut ist schon der erste Advent.
Ihr Kinder, kommt staunt, die Adventszeit beginnt.
Der Nikolaus kommt, er ist sicher nicht weit,
wir mögen sie gerne, die Vorweihnachtszeit.

2 Ihr Kinder, heut ist schon der zweite Advent.
Ihr Kinder, die zweite Adventskerze brennt.
Wir warten und freuen das Christkind herbei,
wir mögen sie gerne, die Vorweihnachtszeit.

3 Ihr Kinder, heut ist schon der dritte Advent.
Ihr Kinder, die dritte Adventskerze brennt.
Wir warten und freuen das Christkind herbei,
wir mögen sie gerne, die Vorweihnachtszeit.

4 Ihr Kinder, heut ist schon der vierte Advent.
Ihr Kinder, die vierte Adventskerze brennt.
Wir warten und freun uns, bald ist hier was los:
Das Christkind kommt zu uns, beschert Klein und Groß.

(Melodie: Ihr Kinderlein kommet)

Und so geht's:

Für jede Adventswoche hat dieses Lied eine passende Strophe, die Sie wunderbar zum Entzünden der Adventskranzkerzen singen können.

Idee: Margot Lindner

Die Tanne mag den Winter nicht

Spiellied

Alter: ab 3 Jahren
Dauer: 10 Minuten

1 Die Tanne mag den Winter nicht,
der Schnee hat ihr zu viel Gewicht.
Dreh dich hin, dreh dich her,
schüttel ab den Schnee so schwer.

Die Kinder drehen und schütteln sich dabei, als wollten sie den Schnee von ihren Ästen/Armen schütteln.

2 Die Tanne mag den Wind so sehr,
schwankt im Wind ganz sanft umher.
Wieg dich hin, wieg dich her,
bieg dich mit dem Wind einher.

Die Kinder wanken durch den Raum, bis sie an einer Stelle stehen bleiben und sich ganz sanft nach links und rechts biegen: Wer schafft es, dabei nicht umzufallen?

3 Bei Sturm macht sich die Tanne klein,
hält sich fest, das muss jetzt sein.
Mach dich klein, mach dich klein,
halt dich fest mit Arm und Bein.

Die Kinder machen sich ganz klein, gehen in die Hocke und ziehen den Kopf ein.

4 Bei Regen geht's der Tanne gut,
schwingt die Äste mit viel Mut.
Schwing dich hin, schwing dich her,
beweg die Äste leicht und schwer.

Die Kinder schwingen Arme und Beine.

(Melodie: Brüderchen, komm, tanz mit mir!)

Idee: Tina Scherer

Aufregung bei den Waldtieren

Klanggeschichte

Alter: ab 4 Jahren
Dauer: 30 Minuten

Instrumente

- Trommel (Wind und Fuchs)
- Xylofon oder Metallofon (Sterne)
- Klangstäbe (Hase)
- Holzblock (Eule)
- Rassel oder Guiro (Mäuse)
- Schellenkranz (Hirsch)

Im Wald hat es heute geschneit. Der Schnee dämpft alle Geräusche und es ist ganz leise im Wald. Nur hin und wieder raschelt ein Tier im Unterholz.
Beim Erzählen flüstern, mit den Fingerspitzen ganz leise über die Trommel streichen.

Über dem Wald glänzen die Sterne am Himmel. Immer mehr Sterne gehen auf und beginnen, ihren Glanz zu verteilen.
Einige unterschiedliche Töne auf dem Xylofon oder dem Metallofon spielen.

Unten auf dem Waldboden hockt der Hase und guckt hoch in den Himmel. „Ist das schön“, flüstert der Hase.
Langsam die Klangstäbe aneinanderschlagen.

„Heute ist auch eine ganz besondere Nacht“, erklärt die Eule, die gerade erst aufgewacht ist. „Heute kommt zu den Kindern nämlich der Nikolaus.“
Holzblock spielen.

„Der Nikolaus?“, wundert sich der Hase. „Wer ist denn das?“
Klangstäbe aneinanderschlagen.

Die Eule, die schon alt und sehr klug ist, räuspert sich: „Also, der Nikolaus ist ein besonders netter Mann. Er fährt in einem Schlitten und hat jede Menge Geschenke dabei. Die bringt er dann den Kindern.“
Holzblock spielen.

Der Hase ist beeindruckt. „Kommt er auch zufällig mal bei uns im Wald vorbei?“
Klangstäbe lebhaft anspielen.

Das Gespräch von der Eule und dem Hasen haben zwei kleine Waldmäuse belauscht. Sie gucken vorsichtig aus ihrem Loch, denn vor der Eule haben sie ein bisschen Angst. Ganz leise schleichen sie dazu. „Ja, kommt der Nikolaus heute auch zu uns?“
Rasseln oder Guiros anspielen.

Idee: Tina Scherer

„Der Nikolaus?", fragt ein Hirsch ganz in der Nähe. „Den kenne ich, der bringt tolle Geschenke."
Schellenkranz schütteln.

Große Aufregung beginnt die Stille im Winterwald zu vertreiben. Die Tiere sind ganz außer sich.
Schellenkranz, Rasseln oder Guiros und Klangstäbe gleichzeitig spielen.

Der Hirsch scharrt mit den Hufen.
Nur der Schellenkranz wird gespielt.

Der Hase atmet ganz schnell.
Nur die Klangstäbe ganz schnell aufeinander-schlagen.

Die Mäuse wispern aufgeregt.
Rasseln oder Guiro schnell spielen.

Nur die Eule bleibt ganz ruhig hocken.
Ein einziger Schlag auf dem Holzblock.

„Ich glaube nicht, dass der Nikolaus zu uns in den Wald kommt", sagt die Eule. „Ihr braucht euch gar nicht zu freuen."
Holzblock spielen.

Die Tiere sind traurig. Der Hirsch lässt den Kopf hängen, sodass sein Geweih fast den Boden berührt.
Langsam und kurz den Schellenkranz schütteln.

Der Hase atmet wieder langsamer.
Langsam die Klangstäbe aufeinanderschlagen.

Die Mäuse sind ganz still.
Stille, kein Instrument.

Stille senkt sich wieder über den Wald.
Stille.

Da raschelt es im Gebüsch und heraus kommt ... der Fuchs.
Ein Schlag auf die Trommel.

„'n Abend, alle zusammen", wünscht der Fuchs. „Jemand Lust auf eine Nikolausüberraschung?"
Mehrmals die Trommel anschlagen.

Eine Nikolausüberraschung? Die Tiere werden wieder ganz aufgeregt. Ist der Nikolaus doch da?
Ganz kurz klingen alle Instrumente der Tiere gemeinsam.

Der Fuchs lacht. „Nein, nicht der Nikolaus. Aber die Kinder aus der Kita haben uns Geschenke in den Wald gelegt. Es gibt Kastanien, Nüsse, Körner, Heu und für dich, Eule, und für mich sind zwei Stückchen Wurst dabei."
Trommel anschlagen.

Das ist ja wirklich eine Überraschung. Der Fuchs führt die Tiere an seine Fundstelle und tatsächlich: Da liegen die tollsten Leckerbissen.

Die Tiere freuen sich, alle reden durcheinander. Und dann lassen sich alle die Geschenke schmecken und sind sich einig: Das war eine tolle Überraschung.
Alle Instrumente der Tiere klingen gemeinsam, zuerst laut, dann immer leiser, bis sie schließlich ganz verstummen.

Hilfe, der Advents-kranz brennt!

Klanggeschichte

Alter: ab 3 Jahren
Dauer: 20 Minuten

Instrumente
- Klangstäbe
- Triangel
- Xylofon
- Rahmentrommel
- Holzblocktrommel
- Guiro
- Glockenspiel

Heute ist der erste Advent. Bei Familie Schuster versammeln sich alle Familienmitglieder, um gemeinsam den Adventskranz anzuzünden. Hört mal, wie sie alle herbeigelaufen kommen.
Mit den Klangstäben das Herbeilaufen der Familie andeuten.

Mama Schuster zündet feierlich die erste Kerze des Adventskranzes an.
Einmal die Triangel anschlagen.

Alle singen gemeinsam ein Adventslied.
Gemeinsam mit den Kindern ein bekanntes Adventslied singen und dazu mitklatschen.

Die zwei Geschwister, Lena und Bastian, streiten sich, wer das Streichholz auspusten darf. Dabei ist es schon längst erloschen, denn Mama hat es ausgepustet. Aber Lena und Bastian machen ganz schön viel Theater.
Auf dem Xylofon vor- und zurückstreichen.

Da passiert es!
Ein Kind darf laut auf die Rahmentrommel schlagen.

Der Tisch fängt an zu wackeln und der Adventskranz fällt herunter.
Die Holzblocktrommel wird geschlagen.

Oh je, eine Zeitung, die am Boden liegt, fängt Feuer! Und die trockenen Tannenzweige am Adventskranz beginnen auch zu brennen. Hilfe, Hilfe, es brennt, es brennt!
Mit den Füßen stampfen.

Papa Schuster holt schnell einen Eimer Wasser und löscht das Feuer. Platsch! Das Wasser platscht auf das Feuer und der Brand ist gelöscht.
Den Guiro spielen.

War das eine Aufregung! Da haben alle noch einmal Glück gehabt!
Mehrere Töne des Glockenspieles anschlagen.

Idee: Michaela Lambrecht

Der Nikolaus fällt aus dem Schlitten

Klanggedicht

Alter: ab 3 Jahren
Dauer: 15 Minuten

Instrumente

- Schellenband, Rassel oder Glöckchen für jedes Kind

Es klingen die Glöckchen am Schlitten
ganz leise,
der Nikolaus beginnt seine heutige Reise.
Die Kinder rasseln ganz leise und machen dabei: „Pssst!“

Ganz langsam fährt er am Himmel entlang,
die Engel begleiten ihn mit Gesang.
Die Kinder rasseln langsam und leise.

Dann schneller und schneller, das macht
ihm Spaß,
röter und kälter wird seine Nas.
Die Kinder spielen schneller und lauter auf den Instrumenten.

Schwups, da kippt der Schlitten um,
mitten im Wald, mit lautem Kawumm.
Die Kinder spielen nur einmal kurz die Instrumente an.

Der Nikolaus fällt aus dem Schlitten hinaus,
liegt im Schnee, atmet ein, atmet aus.
Stille, die Kinder atmen leise.

Es ist ihm nichts passiert – zum Glück,
und schwingt sich in den Schlitten zurück.
Stille.

Und weiter geht die Fahrt im Nu,
nur etwas langsamer, leiser, mit Ruh!
Die Kinder rasseln wieder langsam.

Dort oben könnt ihr ihn grad noch sehen,
wir winken ihm zu: Auf Wiedersehen!
Die Kinder spielen immer leiser auf den Instrumenten, bis zum Schluss alle verstummen und einen Moment lang Stille herrscht.

Idee: Tina Scherer

In einer weißen Wolke

Lied

Alter: ab 3 Jahren
Dauer: 5 Minuten

1 In einer weißen Wolke 'ne Flocke sitzt,
ganz dicht bei ihren Freunden, sodass sie schwitzt.
Ach, ihr andern, sagt mir bloß,
wann geht denn unsre Reise los.
Ich will jetzt auf die Erde – ich freu mich so.

2 Den Flocken wird's zu eng hier, im Wolkenhaus.
Sie schieben und sie drücken und sie springen raus.
Ach, wie toll ist's hier zu sein
und die Erde einzuschnein.
Und dabei die Kinder zu erfreun.

3 Die Flocke schneit zur Erde und ganz im Nu,
deckt sie mit ihren Freunden die Wiese zu.
Ach, wie glücklich sie jetzt schaut,
ein Schneemann wird mit ihr gebaut.
Und bleibt so lange stehen, bis es taut.

(Melodie: Ein Männlein steht im Walde)

Idee: Leah Schäfer

Die Eisprinzessin

Spiellied

Alter: ab 2 Jahren
Dauer: 30 Minuten

1 Eisprinzessin, Eisprinzessin,
schau mal an, schau mal an.
Sie hat ein Glitzerkrönchen,
sie hat ein Glitzerkrönchen,
immer an,
immer an.

2 Eisprinzessin, Eisprinzessin,
hör nur hin, hör nur hin.
Die Stimme klingt wie Glöckchen,
die Stimme klingt wie Glöckchen,
hier im Wind,
hier im Wind.

3 Eisprinzessin, Eisprinzessin,
fühlst du sie? Fühlst du sie?
Kalt sind ihre Hände,
kalt sind ihre Hände,
wie noch nie,
wie noch nie.

(Melodie: Bruder Jakob)

Und so geht's:

Bei diesem Lied kann in jeder Strophe ein Kind in die Kreismitte kommen, tanzen, singen, ein Glöckchen spielen … oder was ihm gerade einfällt!

Idee: Marion Bischoff

Weihnachten im Wichtelwald

Klanggeschichte

Alter: ab 4 Jahren
Dauer: 30 Minuten

Instrumente

- Xylofon (Schneeflocken)
- Schellen, Rasseln, Glöckchen (Wichtel)

Wenn ihr ganz, ganz leise seid, dann könnt ihr es hören: Im Wichtelwald ist heute ein ganz besonderer Abend.
Ganz leise sein, kein Instrument erklingt.

Leise fallen Schneeflocken herab und landen auf kahlen Ästen.
Ganz leise und zart auf dem Xylofon spielen, beispielsweise eine an- und dann absteigende Tonfolge.

Der Wind weht sacht durch die Zweige der Bäume.
Mit der Stimme den Wind leise nachmachen.

In der Ferne ruft eine Eule.
Den Eulenruf mit der eigenen Stimme nachmachen.

Aber hier ganz nah sind Wichtel unterwegs.
Leise mit den Füßen auf der Stelle Geräusche machen oder auftreten.

Da sind sie ja schon. Sie tragen Strohsterne, rote kleine Äpfelchen, Eicheln, Nüsse und kleine Laternen. Damit schmücken sie ihren Weihnachtsbaum. Das ist ein Durcheinander!
Rasseln, Glöckchen und Schellen erklingen lassen.

Idee: Tina Scherer

Als sie fertig sind, sieht der Baum wirklich schön aus.
Für einen kurzen Moment sind die Wichtel ganz sprachlos.
Stille.

Dann lachen sie, freuen sich und klatschen in die Hände.
Rasseln, Schellen und Glöckchen ertönen.

Sie singen und tanzen um den Baum herum.
Rasseln, Schellen und Glöckchen laut anspielen.

Aber nach einiger Zeit werden die Wichtel müde. Sie wünschen sich frohe Weihnachten und beginnen zu gähnen.
Leiser spielen.

Einige Wichtel verabschieden sich und gehen nach Hause in ihre Wichtelwohnungen unter den Baumwurzeln.
Noch leiser spielen.

Dann gehen noch mehr Wichtel nach Hause.
Noch leiser spielen.

Und zum Schluss ist nur noch ein einzelner Wichtel übrig.
Er pustet die Kerzen aus, räumt ein bisschen auf und geht auch nach Hause.
Nur noch ein Kind oder Sie selbst spielen.

Und dann wird es wieder still im Wald.
Stille.

Die Schneeflocken wehen durch die Luft.
Xylofon.

Ein kleiner Wind pustet durch kahle Zweige.
Den Wind wieder nachmachen.

Die Eule ruft – und flattert davon.
Gute Nacht und frohe Weihnachten!
Den Eulenruf nachmachen und „Gute Nacht" oder „Frohe Weihnachten" rufen.

Idee: Marion Bischoff

Fasching bei den Haustieren

Klanggeschichte

Alter: ab 4 Jahren
Dauer: 15 Minuten

Instrumente

- Klangstäbe (Katze)
- Holzblocktrommel (Kater)
- Triangel (Wellensittich)

Heut Abend geht die Familie aus, die Tiere sind allein zu Haus.
Nacheinander die Klangstäbe, die Holzblocktrommel und die Triangel anschlagen.

„Was wollen wir denn jetzt tun?", fragt die Katze.
Die Klangstäbe anschlagen.

„Wir machen unser eigenes Fest!", ruft der Kater.
Die Holzblocktrommel laut und schnell anschlagen.

Hurra!
Beide Instrumente gleichzeitig anschlagen.

Auch der Wellensittich feiert mit.
Die Triangel wird angeschlagen.

Zuerst machen alle eine Polonaise durch das Wohnzimmer.
Nacheinander die Instrumente spielen.

Dann futtern alle das Popcorn, das die Familie auf dem Wohnzimmertisch vergessen hat.
Gleichzeitig alle Instrumente spielen.

Da kommt die Familie nach Hause! Schnell aufräumen!
Ganz schnell alle Instrumente spielen und dann gleichzeitig aufhören.

Schon spät ist es, die Familie kommt heim. Doch darauf macht sie sich keinen Reim: Wo kann das Popcorn hingekommen sein? Die Tiere haben die Augen zu.
Die Hände vor die Augen halten.

Wir wünschen: Angenehme Ruh!
Schnarchen.

Idee: Michaela Lambrecht

Wir feiern heut ein Faschingsfest

Lied

Alter: ab 3 Jahren
Dauer: 5 Minuten

1 Wir feiern heut ein Faschingsfest
und laden alle ein.
Kommt feiert alle mit uns mit,
es kann nicht schöner sein!
Prinzessin, Cowboy oder Clown,
sie sind ganz herrlich anzuschaun.
Wir feiern heut ein Faschingsfest
und laden alle ein.

2 Wir feiern heut ein Faschingsfest
und laden alle ein.
Kommt feiert alle mit uns mit,
es kann nicht schöner sein!
Indianer, Batman oder Fee,
kommt feiert mit, es tut nicht weh.
Wir feiern heut ein Faschingsfest
und laden alle ein.

3 Wir feiern heut ein Faschingsfest
und laden alle ein.
Kommt feiert alle mit uns mit,
es kann nicht schöner sein!
Ob Löwe, Biene oder Maus,
wir gehen heut erst spät nach Haus.
Wir feiern heut ein Faschingsfest
und laden alle ein.

(Melodie: Es tanzt ein Bi-Ba-Butzemann)

Idee: Leah Schäfer

Ja, der Karneval ist lustig

Lied

Alter: ab 2 Jahren
Dauer: 5 Minuten

1 Ja, der Karneval ist lustig,
ja, der Karneval ist schön,
denn da kann man sich verkleiden
und mal ganz anders aussehn.
Hollahi, hollaho, hollahia, hia, hia, hollaho.
Hollahi, hollaho, hollahia, hia, hia, hollaho.

2 Ja, der Karneval ist lustig,
ja, der Karneval ist schön,
denn da gibt es viele Bonbons
und Umzüge anzusehn.
Hollahi, hollaho, hollahia, hia, hia, hollaho.
Hollahi, hollaho, hollahia, hia, hia, hollaho.

3 Ja, der Karneval ist lustig,
ja, der Karneval ist schön,
denn da kann man lustig tanzen
und sich auch im Kreise drehn.
Hollahi, hollaho, hollahia, hia, hia, hollaho.
Hollahi, hollaho, hollahia, hia, hia, hollaho.

(Melodie: Eine Seefahrt, die ist lustig)

Idee: Michaela Hinsen

Tschüss, Eisfee!

Klanggedicht

Instrumente

- 2 Bausteine für jeden

Alter: ab 3 Jahren
Dauer: 10 Minuten

Eisfee, Eisfee, brrr, uns ist kalt!
Es frieren die Tiere in Garten und Wald.
Langsam und leise die beiden Bausteine aneinanderklopfen.

Sie zittern und klappern,
sie bibbern und rattern,
sie schimpfen und plappern.
Ganz schnell und laut klopfen.

Doch bald wird es wärmer im Wald,
den Tieren ist nicht mehr so fürchterlich kalt.
Langsamer klopfen.

Und dann sehen wir dich erst im nächsten Jahr,
der Frühling kommt bald, wie wunderbar.
Tschüss, Eisfee!
Stille.

Idee: Tina Scherer